Achour LARIBI

DES ECRITS VAINS AUX ELEGIES POSTHUMES

Achour LARIBI

DES ECRITS VAINS AUX ELEGIES POSTHUMES

Un recueil composé de deux parties. Des écrits vains suivi des élégies posthumes.

Éditions Muse

Cover image: www.ingimage.com

Publisher:
Éditions Muse
is a trademark of
Dodo Books Indian Ocean Ltd. and OmniScriptum S.R.L publishing group

120 High Road, East Finchley, London, N2 9ED, United Kingdom
Str. Armeneasca 28/1, office 1, Chisinau MD-2012, Republic of Moldova, Europe
Printed at: see last page
ISBN: 978-620-4-96555-0

DES ECRITS VAINS

AUX

ELEGIES POSTHUMES

DES ECRITS VAINS AUX ELEGIES POSTHUMES

DEDICACE

Aucune dédicace ne peut exprimer ma gratitude sans mesure, mon amour étendu et mon éternelle déférence à votre égard. A :

-Mon fils, Koceïla, parti trop tôt au pays des anges laissant un trésor de sentiments qu'il ne lira jamais

- Zina, ma mère, une belle certitude de force et de courage, une parfaite gloire de la nature.

-Fazia, ma vaillante épouse, le salut du foyer, qui a su braver le temps et les aléas de la vie.

-Iness, Damia et Belynda, mes filles, ma seule richesse en ce monde.

-Yastène, Lyna et Thalia, mes merveilleux petits enfants, la fierté d'aujourd'hui, habillés aux couleurs du printemps qui me font mûrir et ...rajeunir.

-Mes amis, les vrais, qui savent rire et pleurer.

-Tala-khelil, en général, et tous mes proches d'ici ou d'ailleurs.

Ce modeste recueil vous est dédié.

L'auteur.

1ère partie

Des écrits vains

PREAMBULE

Des écrits vains aux élégies posthumes est le parfait écho d'une vie. Une vie, témoin des temps, trop souvent injuste, faite de revers moins salutaires et de cruels déboires. C'est tout un siège de sentiments, de flammes, de retrouvailles, d'adieux, de séparation, d'absence et de rupture. C'est des temps fugaces et interminables, selon les conjonctures. Tout n'est pas morose, toutefois, quand on évoque Tala-Khelil, ce centre du monde, avec ses sentiers perdus, ses fontaines débordantes et ses jolies ruelles arpentées en nombre à l'heure des charmes. Le bon sens, parfois frais et innocent, est souvent l'apanage de ses habitants.

Des amis, ces intimes de mon enfance, amis de la vertu, fidèles et droits, qui savaient avaler les fautes, supporter les faiblesses et qu'avec eux, les silences ne sont plus gênants. Des chandelles, au pouvoir éclairant, qui illuminent et repoussent les ténèbres. Plus ils sont anciens, plus ils sont meilleurs.

J'irais plus loin, encore, dans ces vieux quartiers, aujourd'hui abandonnés, réveiller le démon des passions antérieures et sentir la fragrance perdue des basilics d'antan.

Je mets ma plume en vadrouille et ma langue en liberté au cœur de l'âge puis à l'âge du cœur pour reverdir les cœurs en accordéon gisants dans le silence et la paix éternelle des vastes plaines asséchées.

C'était le temps des illusions, des silences mortels et des rêveries sans fin. Le temps des flatteries et des ombres furtives qui fuient la lumière et vous laissent, en l'état, sans grandeur ni petitesse. Le temps des délires naissants qui finissent par mourir dans l'ennui et la mélancolie.

C'était le temps des pieds nus, de la disette étendue et des ventres indigents. Le temps des batailles perdues dans le profond silence de l'oubli, de l'insouciant dédain bien perché pour apprécier une détresse attenante.

A Tala-Khelil, comme ailleurs, la vie continue. On rame dans un univers de peines et de joies, un Everest de la sagesse qui ne trompe point et qui garde en son sein l'âme des choses.

L'auteur.

MON VILLAGE

Tendance humble, mes frères,

Âmes chéries de mon cœur,

Loyauté est votre étendard,

Affables gens !

Kabyles d'essence et de sang,

Honneur à vous, légendes immortelles,

Esprits vaillants,

Lurons du terroir,

Illustres montagnards,

Lucides et courageux.

CE JOUR-LA

Ce jour-là,

C'était un vendredi

Pas du tout ordinaire,

Ce jour-là,

Quand deux blessures se réveillent.

Qu'advienne la vérité

Quand, ce jour-là,

Elle vient sanctifier, au tombeau,

Celle qu'elle avait perdue

Quarante jours auparavant.

Qu'advienne le hasard

Quand, ce jour-là,

Elle vient raviver une peine de cœur,

Du Cupidon qu'elle avait perdu

Quelques décennies plus tôt.

Ce jour-là,

C'était un vendredi, jour de Vénus,

Pas du tout ordinaire,

Triste et gai,

Pour une âme en peine.

MECHEF

Un matin grincheux, opaque,
Noyé d'amertume,
Se tirant, pitoyablement,
D'une nuit sombre,
Traine le noir des ténèbres,
Refusant la lumière du jour.
De son envolée triomphale,
Un corbeau, paria des oiseaux,
Déchira le ciel, encore dormant,
Une capture aux bouts des serres
Dont les cris vains attristent
Le profond silence de l'aurore.
En ce jour de chagrin d'un mois maudit,
Ce décor est, encore, un mauvais présage.
Face à ce cruel supplice,
L'empathie du ciel n'est pas distante,
Dans sa colère déferlante,
Il crache ses averses, ses tempêtes,
Emportant le monde dans son déluge.
Un matin morose, coléreux,
D'un jour fâcheux, d'un mois méchant,
Il faut fermer les yeux, noyer le sinistre
Et donner plus de semblant aux illusions.

OH, COMBIEN !

Oh, combien il est trop loin
Ce passé d'une jeunesse
Que j'évoque, là, dans un coin
Au fond d'une sombre pièce !

Oh, combien il est odieux
Ce présent funeste et infâme
Qui rend encore plus vieux
Le fond de mon âme !

Oh, combien il est tout près, ce soir,
Ce futur imposteur et fallacieux
Qui trouble le rêve et l'espoir
D'une épave des temps silencieux !

Oh, combien il est monotone
D'y penser noir dans le noir
Un triste soir d'automne
A la lâcheté de la mémoire !

TAEDIUM VITAE

Un ciel gris,
Amertume sur l'horizon,
La langueur s'installe,
Porteuse de vieux souvenirs.

Chérubin aux pieds nus,
Miséreux et affamé,
Une roupie blanche,
Un regard candide.

Enfance en haillons,
Malmené par le sort
Dans un monde hostile.
Triste innocence !

Tendre jouvence,
Alerte de l'instinct
Et d'un cœur sensible
Aux douceurs de Vénus.

Que de nuits perdues
A traire les yeux,
A cuver les chagrins
Des amours incertains.

Un ciel gris,

Amertume sur l’horizon,

Il faut partir

Avec sa langueur.

DU SEIGLE A LA FOURCHE

Au premier de Messidor brille le soleil,
Un joyau en ce monde, une lueur dans la demeure,
Une lanterne qui éclaire la famille, cette grande merveille,
Cet astre qui montre le chemin du bonheur.
Au premier de Messidor, brûlant comme un cratère en feu,
Séraphin, parfaite créature, au chant du rossignol, entre
Avec Dano et Kahina, compères d'un matin glorieux,
Dans un univers de lumière et de rencontres.
Un univers visible, flottant dans la pénétration divine,
Qui évoque ses montées, ses descentes et ses mystères,
Garde dans sa mémoire infinie la ronce et ses épines,
Et glorifie l'épopée de Savannah en haute mer.
Hélas ! Depuis ce jour, on est assez vieux pour aller ad patres,
Porter le manteau de la paix, naître sous d'autres cieux,
En ce jour de fourche, aussi brûlant que le feu de l'âtre,
Avec Glenne, compagne d'un soir impérieux.
Alliées du temps, du trépas et du supplice,
La faux et la fourche, un couple triste et macabre,
Eclipsent maintes lumières aux bons offices
Et maints flambeaux du passé sans bruit et sans palabres.
De Néron, potentat sans sujets, déchu de son trône,
Par Galba, apôtre de Fortuna, porteuse de fertilité
A Pise, fiancée de l'Arno, oppidum aux mille colonnes,
Reconquise par Florence, berceau de l'universalité.
Baden n'en reste pas loin avec ses disputes et ses litiges

Dans les églises en ruines, les temples et les esprits,

Tout comme cette bataille brodée, sans prestige,

De Trois Rivières menée vers une gloire enrobée de mépris.

Au jour de la fourche, Séraphin s'est éteint,

Quitte ses compères pour un secours lointain,

Il s'est éclipsé, il ne brille plus, c'est certain,

Parti pour une nuit éternelle, le cœur sur la main.

SUPPLICE

Sous un ciel triste et sans lumière
Une âme en peine, une cible dormante
Subissait la partialité, une évidence familière
De quelques vautours à l'avidité dévorante.

Maudite, froissée comme une bohème misérable,
Victime d'une aversion sombre et maladive
Aveuglant la raison, défiant le diable
Dans ses missions mordantes et agressives.

Dieu ! Faudrait-il vous rendre
Cette âme en proie à des affronts poussiéreux ?
Faites, alors, qu'elle quitte, sans attendre,
Ces esclaves du mal, ces valets des revers affreux !

L'au-delà, son asile, son nid, son éternité,
Son fleuve tranquille, large et profond,
Son fleuve de paix, de repos, sans la bestialité
Des prédateurs sans lendemain, des vautours et des griffons.

LABADENS

Débonnaire, force tranquille,
Pudique et candide,
A Mokrane, le phénix,
La primeur de ces vers
Et une félicité éternelle.

Humble, distingué
Elégant et beau,
Baron de la séduction,
Elles n'étaient pas insensibles
Aux appas de Boussad.

Eclaireur ou meneur,
Rationnel et conséquent
Propos mesurés et justes
Lui, c'est Naceur, le coryphée,
Le nombril de la compagnie.

Habitant du parnasse,
Pardonnez mes fuites et mes errances
J'ai osé chatouiller le temps
Et éventer les esprits
De ceux qui vous méconnaissent.

LE FLAMANT ROSE

Des yeux malicieux et un teint de moricaud,
Il était cet espiègle un peu rondelet
Qui, de ses caprices, vous tord les boyaux
Mais de ses pieds bots, pas un mot s'il vous plait !
C'est le seul ennui qui altère
L'esprit du luron, de l'enjôleur.
Ephèbe, il pleure ses sentiments sincères
Sur la belle voisine qui est des leurs,
Qui consent la passion du soupirant
Par de menteurs regards et de faux sourires
Qui incarnent le philtre d'un faux amour naissant.
Alors que la rumeur s'enfle à en souffrir,
On se presse de convoiter la gracieuse sirène
A des liens sacrés de l'hymen
Qui, curieusement, refusa l'alliance, sans peine,
Pour des raisons obscures et peu amènes.
Ne pouvant subir, à lui seul, le revers
De cette cruelle déception qui le tenaille,
Une complainte séraphique, une mélodie légère
Jaillit de son fond, de ses entrailles.
Mimant de sa canne une guitare virtuelle
Et fermant les yeux pour pénétrer l'incertain,
Quelques larmes, déjà, amères et cruelles
Inondent sa douleur et son chagrin.

Une douleur partagée par tout entendeur

Au cœur révolté, ennemi de l'indifférence.

Tout comme autrefois, à l'âge de la candeur

Il aimait chanter la fraîcheur de l'enfance

De ce cher petit enfant, gai comme un charme

Mais qui pleure fort bien souvent,

Au feu de la douceur, sans verser une larme

Que Marceline berçait au chant de l'heure et le vent.

LE BAISER DE JUDAS

Ils sont deux, les enfants de la veuve du quartier
A vivre ensemble dans une entente remarquable.
L'un, le cadet, plafonneur et l'autre un puisatier,
Deux corporations convenables mais peu rentables,
Qui, même réunies, ne parent point la bourse collective.
C'est alors que l'ainé, garant de la demeure,
Se proposa un exil pour une situation évolutive,
Finir avec l'indigence et espérer des jours meilleurs.
Mais avant de prendre la mer, il faut prendre femme
Assurer le ménage à sa génitrice, déjà, assez vieille.
Sitôt dit, endogamie oblige, on entame,
Et une germaine arrive, un soleil, plus qu'une merveille !
La maman aux anges, vœux en main,
Se fait obéir par cette fleur du bonheur,
Qui embaume le logis de son jasmin
Et l'inonde de toute sa splendeur.
Une saison, à peine, sur l'autre bord,
On dissipe l'humeur chagrine de sa partance,
On change les manières et quelques décors,
On se rapproche davantage, écourtant les distances,
On se frôle, on s'effleure et, déjà, une errance en gestation,
Mené par cet instinct oblique proche de l'inceste.
Tout ce manège, cette perfide agitation
Echappe aux yeux éteints de la vieille qui s'oublie du reste

Loin de l'éclosion de cette œuvre de la chair.

A peine habituée aux échos d'un toit fraîchement étrenné,

Elle est morte, la pauvre, un soir d'hiver

Animé de violents orages sous un ciel effréné,

Echappant à la peine à venir, au pénible déshonneur.

Maintenant qu'elle est partie, la hantise envolée,

Le cadet s'invite sans gêne, en parfait suborneur,

Aux douceurs de la germaine qui se laisse cajoler

Pour naviguer dans le fabuleux empire du plaisir.

Une jalousie, un mal mortel, le torture

Jusqu'à reculer le retour de l'aîné qui pourrait l'en dessaisir

De cette mer de volupté, un bien cru laissé en bonne couverture.

Il décida, alors, avec l'accord de la belle, d'en finir avec son frère

Avec cette missive mortifiante écrite en bon sermonneur,

Le suppliant de se séparer de cette épouse coupable d'adultère

Qui lui fait porter la honte et le déshonneur.

Après une nuit agitée où les larmes se mêlent à l'absinthe,

Il revient au pays pour laver la salissure

Causée par cette cousine qui n'est finalement pas une sainte

Aux dires du cadet, l'imposteur, à l'origine de cette fissure.

Aussitôt arrivé, à regret et sans bruit, il répudie l'inconstante

Qui, curieusement, n'a manifestée aucune objection,

Elle s'en est allée avec une tête baissée mais déconcertante,

Se sachant en lieu sûr telle une topaze brûlée qui pare une collection.

En moins de temps l'aîné, dans le paquebot, rallie l'autre bord,

Et le cadet, sans tambours ni trompettes, la rappela à la maison,

Elle revient en secondes noces après ce bon commun accord

Passé dans l'intimité, sous ce toit, pour une forte liaison.

Quand l'écho a atteint l'oreille du malheureux en décours,

Il a fini par comprendre la trahison, cette lourde bêtise,

Qui le sombra dans le verre à la recherche d'un secours

Et voguer dans l'irréel pour effacer son frérot et sa convoitise.

A l'aube quand la lune s'évanouit dans le ciel,

Il quitte, les jambes titubantes, le troquet de la gare, le terminal

Pour y aller où ? Peut-être pour un sommeil partiel ?

Non ! Un train, dans son élan, l'a pris pour une destination finale.

L'EVASION

De la petite colline, je détends ma solitude,
Mon regard, en vadrouille, défie l'étendue.
En bas, sur le sable chaud, comme d'habitude,
L'estivage est à son comble avec un monde détendu.
Je m'émerveille de ces rivages enchanteurs
Que la mer lèche et caresse tendrement.
Sur la grève, les aoûtiens se grisent à la senteur
De la mer et se dorent au feu du firmament.
A l'horizon, un navire en partance
Vers d'autres cieux, vers d'autres lieux,
Embarquant une foule affairée ou en vacances
Qui, du pont, fait plus d'un envieux.
Je contemple ce terrible mastodonte
Déchirer, majestueusement, les vastes flots bleus.
Médusé par cette traversée obsédante,
Je me laisse bercer dans l'empire fabuleux
Du rêve, du saint onirisme et de l'illusion.
Au réveil, sur la plage dépeuplée, j'entends les vagues mourir
Et au large, dans sa course vagabonde, le bateau suit son évasion
Vers des mers lointaines, vers d'autres flots à conquérir.
Quand le soleil se noie à l'horizon, à demi endormi,
Et les ténèbres effleurent, déjà, la dernière lueur du jour,
A pas feutrés, je quitte ces lieux aux moments d'accalmie
Pour revenir les autres matins me livrer à ce lyrisme paré de velours.

LE CHAGRIN D'EROS

Ils sont deux à bénir le printemps
Qui les a réunis sous son chapiteau
Ils sont là, en ce mai, à pas lents,
A brasser l'univers en tourtereaux.
Comme la passion aveugle la raison,
Ce sémillant couple couvait l'idylle,
Oublieux des ramages et des floraisons
Qui font, sans doute, saison fertile.
Elle est son élue, sa pensée, son tout,
La maitresse de ses rêves, de son rituel,
Elle l'obsède, elle a plus d'un atout,
Elle, la belle aux atours factuels.
Lui, le Don Juan, elle lui ceint le diadème,
Nul souverain n'est son pareil,
C'est lui, ce prince qu'elle aime,
Sa lumière céleste, son soleil.
Du haut de la commune ivresse
Un revers assassin trouble l'odyssée.
Le soleil que l'innocente main caresse
Se perd dans la brume et sombre dans le passé.
Isis et Âmon Ra, par ce clerc destin
Virent leur communion qui éclate.
Un drame affreux et tragique, ce matin,
Vient anéantir une romance de courte date

Qui en fit de l'enchanteur, une épave.
Triste sort pour notre Merlin
Qui de ses plaintes déchirantes et graves,
Inspire pitié et chagrin.
Seul dans son univers de détresse,
Il tombe de rêve en cauchemar
Broyant le noir jusqu'à l'ivresse
Et couchant sa peine à l'écart.
Sitôt l'émotion fâcheuse dissipée,
La jouvencelle affûte son arsenal
Pour un bleu soupirant, une autre épopée
Qu'elle espère moins fatale.

NESTOR

Débonnaire depuis sa tendre enfance
Jamais il ne ment, jamais il ne frustre.
Enfant, déjà, il cultivait la décence
Qui fait de lui un homme illustre.

Du haut de sa grandeur,
Il semait la paix, l'amour et la joie,
Il implorait tous les cœurs
A plus d'espérance et de foi.

On écoutait la lecture de la vie, la morale,
La voie du cœur de ce foudre d'éloquence
Et toutes ses causeries magistrales,
Pieusement et avec déférence.

Compère des prolétaires et de leur misère
Il accordait sa bonté et son aisance
A ces âmes ordinaires et à la foi sincère
Qui ruminaient ses verbes en silence.

La vie cette chandelle prête à trépasser,
A, comme le feu, sa fumée et ses cendres.
Elle est cette fleur de l'illusion, de gloire effacée,
Qui perd ses pétales à l'âge tendre.

Le temps, ce torrent impétueux,
L'emporta au royaume de Dieu,
Un monde enchanteur et vertueux,
Un jardin, un lieu de béatitude des pieux.

Sur le bard, drapé d'un linceul blanc,
Les bras nus et pendants sur les bords,
C'était son vœu, sa parole et son serment
Avant son départ, avant sa mort.

Sachant que vous serez fort en nombre
En ces lieux et aux alentours
A l'accompagner au royaume des ombres,
Voyez comme il rentre vide, menu et sans atours.

Un linceul, un lange inutile,
Une maigre fortune qu'il emporte dans l'inconnu
Et l'image, métaphore vivante, alerte et subtile
Incarne le message de ses mains nues.

LE CARDINAL

Un matin triste comme seule cette ville en connait,
Déserte mais peuplée de chats et chiens en errance,
Libère sa moiteur pesante dans une ambiance désordonnée
Qui pousse le commun des mortels à la déférence.
Le grand Maître, comme toutes les autres matinées,
Armé de son pesant cartable datant de l'avant-guerre,
Coiffé de son éternel béret ratatiné
Par les ans, qui lui donne cet aspect drôle et populaire.
Il s'en va, d'un pas allègre, vêtu de son cache-poussière,
Professer ses leçons de choses à des disciples d'un autre bord
Qu'il dilue, souvent, dans des plaisanteries grossières.
En longeant une rue bordée de quelques magnifiques décors
Qui rappellent la présence d'un progrès passé,
Un homme, d'un certain âge, se sentant un peu perdu
L'apostrophe pour retrouver les lieux effacés
Dans cet univers quelque peu tordu :
-Dites-moi, monsieur, où trouver le palais de justice ?
Le maître déposa son cartable et lui dit en montrant du doigt :
-Mais, monsieur, quelle question factice !
Le palais est en face quant à la justice, repassez une autre fois !

LES CHEMINS DE L'ERRANCE

Ayant tout perdu, l'être, cet agresseur,
Qui couve l'indifférence et l'ilotisme,
Est esclave de la nuit, de la noirceur,
Des ténèbres du monde et du cruel cynisme.

Obéissant à son égo qui lui cachait l'évidence,
Des faiblesses dormantes rongeaient son intérieur,
Qui ne le préoccupaient qu'à leur trouver des indulgences
Assez viriles, assez dures que le cœur d'une terreur.

Clé de la détresse, elle ruine sa raison,
La vigueur de sa pensée et son aptitude,
C'est Belphégor, ce faux séducteur plaisant,
Qui inspire l'exubérance et ses lassitudes.

Sœur ainée de la paresse, porteuse de chair,
De jouissances et de voluptés secrètes,
Elle incarne Asmodée, âme impure, roi de l'enfer
Qui diffame l'aisance et ses merveilles muettes.

Amie des excès et de la tentation étrange,
Elle cause des inconvenances et des démesures
Etablies par Belzébuth, le mauvais ange,
Appelé à Canaan le seigneur des ordures.

Maître des éloges indigents et de fausses gloires,
Lucifer s'en prend à ses semblables restés fidèles
Et se voit puni pour son désir de puissance, son vouloir,
Sa rébellion contre Dieu, sa soif de paraître et son zèle.

Malveillante et fumeuse, souffrance du vulgaire
Qui se réjouit de la détresse et de l'éclipse,
Gueule ouverte comme Léviathan, diable de la mer,
Avalant les âmes au banquet de l'apocalypse.

Peine des nantis qui attise les appétences,
Elle aveugle ses sujets et leur défend les délices,
Pauvre, on y est, et on meurt dans l'abondance,
Mammom, prince des enfers, prépare ton supplice !

Elle aveugle et n'engendre que dédain et haine,
Elle est fatale pour la raison qui s'envole, qui se perd,
Supplée par une vilaine folie humaine
Enfantée par Satan dans l'antichambre de l'enfer.

Dans les immenses espaces des mortels
A l'heure de la tentation, les péchés dévorent
Et ruinent les âmes des impurs, des obsessionnels,
Des cruels à la merci des démons et des matamores.

LA HASE

On raconte, au temps jadis, qu'une hase de modeste raison
Règne, dans son gîte, en parfaite maitresse.
Pleine d'ordre, elle gouverne toute sa maison
Si bien que sa lignée ignore ce qu'est la détresse.
La prudence occupe son temps en ces lieux aux grands périls
Et attend que la menace s'évanouisse pour faire ses emplettes.
Même les feuillages aguichants d'un splendide avril
N'ont eu raison de la tempérance de cette mère replète.
Quand elle rentre au logis, les mamelles plantureuses,
L'opulence coule et la nichée de plus en plus quémandeuse,
A chacun sa ration même si tout plein est une aventure audacieuse,
Mieux vaut ainsi, destin oblige, que d'être une glandeuse.
Quand les enfants grandissent et les dentures mordantes,
Elle tarde, parfois à rentrer, retenue par les badinages
Du bouquet voisin pour des aventures séduisantes.
La voilà, encore, gestante mais débordante de courage,
Prête à redonner une nouvelle flopée en ces jours à venir
Et refaire le manège des nichées précédentes.
Huit levreaux arrivent, sans prévenir,
Trois de plus que d'habitude même si la pâture est abondante,
Et faire quelques virées supplémentaires ne la dérange point
Pour que ce beau monde trouve sa providence.
Que non ! Dame lapine le sait et n'a que faire d'un appoint,
Se sachant dépourvues en moins de tétines pour huit évidences,
Des disparités, qui nuiraient à toute la fratrie fort nombreuse,

Elle s'en prend, la mort dans l'âme, à deux de ses créatures
Qu'elle tue pour s'acquitter d'une obligation douloureuse.
Que n'a-t-on pas vu dans cette insouciante nature !
Etre devant un tel dilemme, c'est être entre le marteau et l'enclume
Mais l'ingénuité de l'instinct ne déçoit que rarement
Car Minerve, à ses côtés, lui conseilla de jouer sur le volume
Et sacrifier deux petits est mieux que le pire des désagréments.

APOLLON

Comme une faussaire qui se répète,

Elle est, des dogmes, la plus inique,

On vit en elle,

Pleine de mensonges

Et de fausses légendes.

Elle en fait des poltrons

Des demi-dieux

Et des héros des déserteurs.

C'est le vice de la vertu,

N'en déplaise à Clio !

Après la course du soleil,

La lune a son cerne

Dans l'infini des cieux,

Parsemés d'étoiles.

C'est l'univers de l'enfance,

Du poète rêveur,

L'univers de Copernic,

Fief de la chaste Uranie.

Adoucit les mœurs, dit-on,

Quand le monde est en phase,

Elle est cette langue des Dieux,

Cette faveur du ciel,

Aussi infinie que l'univers

Qui calme les passions.
Même les oiseaux ont la leur
Car elle est la parole de l'âme,
La noblesse des sentiments,
L'euphorie d'Euterpe.

Admirez cette allure de déesse,
De l'éloquente Calliope.
Oyez cet hymne, affables aèdes,
Disait Polymnie !
C'est le chant du départ,
Tristesse absolue, douleur inconsolable,
Peine perdue pour la tendre Erato
Qui sombre dans l'élégie.

Fête de l'esprit,
Silence de l'âme,
Prose muette
Ou culte des peuples,
On se meut dans l'harmonie
Avec la grâce du geste
Que l'on caresse du regard
Pour une folie volontaire.
Divine Terpsichore,
On se noie dans ta volonté !

Epaves des splendeurs passées
Eschyle, Euripide et Sophocle,
Victimes de l'ire des Dieux,
L'esprit se perd,
Le courage tremble et chancelle,
C'est fatal !
Racine et Corneille se font les hoirs
Des tristes destinées
Dans l'empire de Melpomène.

Sans elle, point d'amour,
On la donne, on la joue
Pour divertir ou tromper.
Qu'elle soit courte, légère ou humaine,
De Molière à Balzac,
Eternels apôtres de Thalie,
C'est l'école des nuances
Comme disait Flaubert.

LA SALEMITUDE

Le ridicule, écho de l'âme,
Obsède et couvre de platitude
L'obtus, l'arrogant et l'infâme
Qui s'admire du haut de ses turpitudes.
Il se perd dans la honte et le déshonneur,
Des inconvenances débordantes et infinies
Annexées par l'orgueil, l'apanage de l'impudeur,
De l'arrogance et de l'ignominie.
Véritable défenseur de l'arbitraire,
Il se bat sans prétexte, ni raison
Pour s'attribuer des mérites imaginaires
Qui cacheront ses craintes, ses doutes et ses couvaisons.
Hôte des châteaux obscurs,
Lumière d'une conscience dénaturée,
Cultivant le malheur et l'injure,
Couvant les ambitions et les illusions démesurées.
Rien n'est amer que la hauteur d'un rebutant
Qui s'admire et méprise son entourage
Avec un esprit étriqué et repoussant
Du narcisse, au miroir, amoureux de son image.

L'ETENDARD

Béryl, besson de l'émeraude,
Ta verdeur, l'éclat des prairies,
La savante caresse du vent
Ondoie tes contours.

Fleur de muguet,
De ta blancheur, des envieux,
La neige pâlit, se fond
En torrent de désespoir.

Le carmin et le coquelicot
Moulent ton croissant
Et là-haut dans le ciel,
La lune change de quartier.

Mouron des champs,
Aux fleurs stellaires,
Si les étoiles meurent
Tu éclaireras le ciel.

Mouron des champs
Voisin du muguet,
Dans le vent des prairies
S'établit ton croissant.

De mes vers blancs

Jaillit ma flamme,

Le vert, le blanc et le rouge,

Le salut, la gloire et la liberté.

LE SABRE ET LE BERCEAU

Nul ne peut résister à ses attraits, à ses grâces,
A ses reliefs et à sa beauté perpétuelle.
Dans le profond de ses natifs, que de traces
Et de stigmates, attributs d'une dévotion factuelle.

Alléchés par les effluves fines et suaves de son musc
Maints bédouins envieux, ventre à terre, accourent
Qui d'un glaive, qui d'un dogme, ils l'embusquent
Pour se délecter de ses somptueux atours.

L'appétence des aghas est des plus barbares,
L'impureté et l'infamie étant répandues
Et une manœuvre de l'éventail pressa leur départ
Et celui de leurs vieilles et franches étendues.

Place au monde d'en face, la métropole,
Qui légitima ses aises en ce moment
Par ce coup d'éventail sous la vieille coupole
Du sombre empire ottoman.

Tous épris de sa splendeur, de sa grandeur,
Ils veulent la travestir selon leur convenance,
Tels de vulgaires amants s'évertuant à troubler sa candeur,
Sa chasteté de noble appartenance.

Un matin triomphant, en ce jour de chamois,
Pour ces faux insurgés venus du Couchant
Semer l'horreur, l'émoi et le désarroi
Au palais des mirages pour quelques pitoyables faux galons.

Ils ont fait d'elle l'amazone, une vile roulure,
Des vieux quartiers aux attitudes infâmes,
Envoûtée par les négations antérieures et futures,
Ils l'ont dénaturée sans scrupules et sans état d'âme.

On reconnait, disait-on, l'arbre à ses fruits
Ou est-ce aux fruits que l'on reconnait l'arbre ?
Ces aphorismes de rêve se déjugent aujourd'hui
Car ce métissage rampant n'était que la voie du sabre.

Malgré ces invasions et ces déshonneurs offensants,
Le mieux est de refaire sa lecture et réparer sa pudeur
Car de ses profondeurs, la sublime sirène, par son chant
Nous appelle à ses bords, à ses fonds et à sa splendeur.

Gare, dit-on, à ces voix venant des abysses
Car derrière le beau se cache un péril,
Dans notre saga, il n'y a ni mer, ni précipice
Mais une mère éplorée et fébrile.

UN PRINTEMPS NOIR

Fleurs des près, fleurs des champs,
Fleurs du bonheur, fleurs du désir.
Fleurs des près, fleurs des champs,
Fleurs des délires, fleurs des plaisirs.

Fleurs des près, fleurs des champs,
Fleurs du printemps, fleurs du rêveur.
Fleurs des près, fleurs des champs,
Fleurs du poète, fleurs de ferveur.

Fleurs des près, fleurs des champs,
Fleurs bleues, fleurs sans soleil.
Fleurs des prés, fleurs des champs,
Fleurs de la nature, fleurs sans abeilles.

Fleurs des près, fleurs des champs,
Fleurs d'avril, fleurs sans charme.
Fleurs des prés, fleurs des champs,
Fleurs de regrets, fleurs de larmes.

2ème partie

LES ELEGIES POSTHUMES

PREAMBULE

Il est, peut-être, utile de dépoussiérer ces élégies, ces cris silencieux des années moins chastes de ce chantre des amours perdues.

Des poèmes qui ont de l'esprit et qui imposent un parfait silence aux sentiments, à la souffrance, aux traces de la douleur et à la détresse.

Des mots légers, fragiles mais parfois violents qui tiennent compagnie dans l'univers du mystère, des abimes et des profondeurs.

Je ne suis en aucun cas maître de ces écrits. Ils sont l'œuvre d'un jeune homme, d'un tout petit jeune homme prisonnier, comme tous les enfants de son âge, de ces élans, de ces feux divins qui ont un lien étroit avec la mesure et le lyrisme.

C'est le cœur, seul, qui parle des moments durs de la jeunesse, de la douleur, de l'amour disparu et des yeux humides, inondés de larmes, qui luttent contre l'incertain.

Des complaintes dolentes et plaintives sorties du temple de la divination et des mamelles d'une plume féconde qui révèlent les vicissitudes des impatiences, des langueurs, des longs regrets, des fausses joies et des violents désirs.

Des sujets languissants, douloureux et touchants tirés des yeux des muses qui donnent une âme aux illusions, aux fantasmes et à l'imagination.

Des élégies posthumes ? Oui, j'ai encore, très présent, le souvenir du jour où de sa poitrine s'échappait son dernier soupir. Mon cœur froissé, blessé, en garde encore des bleus.

Mais qu'en reste-t-il quand tout est parti ?

Rien ! Sinon des espoirs et des rêves qui ne se réaliseront jamais surtout quand on a pris une autre destination. La plaine des asphodèles.

L'auteur.

ODIEUSE COMPAGNE

Jambe atrophiée,
Ecchymoses à satiété

Sadique hémopathie,
Ultra par tes excès,
Ignoble, lâche par tes délits,
Sinistre réalité !

Handicapé, dites-vous ?
Encore faudrait-il que je le sois !
Moral, tantôt bas mais bon,
Office de mon humeur.
Pardonnez ma naïveté, mes égaux,
Hématomes ou hépatite,
Il leur faut une bataille
Leur départ est imminent
Et vive le nirvana !

RIEN QUE TOI

Ô, quelle vie que je vis, que je mène !

Une vie empreinte de cruauté et d'arbitraire,

Qui m'a provoqué des agitations, des déveines,

Des douleurs, des chagrins et des nuits austères.

Passant sur mon âme, le malheur me condamne

A de grandes peines, à de longues souffrances

Que je traîne pitoyablement sans chercher chicane,

A tort, partialement, sans jugement et sans audience.

Sous son châtiment, comme un prisonnier du diable,

Cette fatalité qui se réjouit des âmes mutilées et déformées,

Je subis, encore, ses tortures et sa réprobation insupportables

En prenant vers d'autres cieux ma bien-aimée.

PENSE A MOI

Pense à moi une fois, rien qu'une fois
Comme j'ai, souvent, pensé à toi.
Pense à moi un instant, rien qu'un instant
Comme j'ai pensé à toi tout le temps.

Pense à moi une seconde, rien qu'une seconde
Même avec une pensée furtive et vagabonde.
Pense à toutes ces misérables souffrances,
Enfantées par ton insupportable absence.

Pense à moi, à mon désespoir,
A mon existence aléatoire
Bernée par tes manières de souveraine
Et tes chants trompeurs de fausse sirène.

Pense à moi, pense à mon chagrin,
A mes cauchemars, à mes tourments pèlerins,
A mes profondes blessures incurables,
Filles de ton insouciance coupable.

Je me noie dans le fleuve de la patience,
Je me meurs dans les profondeurs du silence,
J'attends dans mes rêves l'oubli, l'incertain,
Pense à moi, quand même, juste un matin.

TU ETAIS

Tu étais ma chance, mon aubaine,
Ma cantate, ma rengaine,
La solution, la réponse et l'explication
A toutes mes interrogations.
Tu étais ma vie, mon espérance,
Mon horizon, ma renaissance,
Mon amour, ma puissance,
Mon feu et ma réjouissance.

Mais un soir d'automne finissant,
Lugubre, fumeux et lassant,
Sans adieu, sans saisir mon regard,
Tu m'as quitté pour un vrai départ.
Avec une âme blessée et terrassée,
Un cœur abimé et cassé,
Je me sens noyé dans le rêve d'une ombre
Partie aux étoiles par une nuit sombre.

Depuis, je vis dans un silence profond,
Sans raison, sans défense, comme un enfant
Que l'on tire du sommeil, en sursaut, avant l'heure,
Qui ne sait plus chasser ses rêves et ses peurs.
Perdre ton sourire sous le dôme du mystère,
C'est vivre dans un royaume des chimères,

Et perdre la flamme de tes yeux, rempart de la tendresse,
C’est braver, comme l’aveugle, les ténèbres de la détresse.

Notre amour est une légende déchirante,
Une folie ou une illusion déferlante,
Un rêve, le seul, qui ne se rêve pas
Et qui est soudainement passé de vie à trépas.
Garde-moi, ma belle, ton bras pour un autre baptême,
J’arrive, je ne peux rien, je t’aime,
Et là-haut, dans ce ciel constellé d’étoiles,
Je soulèverai, j’en suis sûr, le pan de ton voile.

J'AI PEUR

J'ai peur qu'un jour
Ma vie serait un enfer
Quand tu iras pour toujours,
Ma belle, de mon univers.

J'ai peur qu'un jour,
Mon cœur serait nu et déserté,
Quand tu iras, sans retour,
Ma belle, au pays des libertés.

J'ai peur qu'un jour,
La souffrance prendrait racine
Quand tu iras, ma belle, à une autre cour,
A une autre poitrine.

J'ai peur qu'un jour,
Ma belle, on ne se reverra plus jamais
Quand on y arrivera au carrefour
Des inattendus et des influences enfermées.

J'ai peur qu'un jour,
Ma belle, ton image quitterait mes pensées,
Quand tu seras déjà loin des alentours
Et de mes mirages insensés.

J'ai peur qu'un jour,

Ma belle, mon cœur cesserait de battre

Quand un autre t'aimera sans détour,

Moins bien, sans doute, que ton folâtre.

AMOUR ACHEVE

Mû par un amour impérieux
Qui m'enchainait comme un galérien,
Sans geôlier, sans évasion, c'est curieux,
Je m'y plaisais dans ce qui ressemblait à rien.
Il m'enivrait, me transportait dans les airs,
Comme ce vilain picrate qui éteignait mon esprit,
Me tournait la tête pour défaire
Le vrai et le faux avec une lourde duperie.
Je l'irisais de couleurs d'espoir,
Les couleurs des illusions démesurées,
Avec une pensée certaine de voir
Cette raison extraordinaire qui me torturait.
Je le suivais partout, avec acharnement
Pour vaincre son ombre, l'ombre d'un mirage,
D'un jeu trompeur qui bernait, affreusement,
Les convictions les plus volontaires et leurs présages.
Aucun doute ne m'entrave ou me divise,
Aucune raison ne m'offense ou me travaille,
A grand-peine, j'ai trouvé le langage de l'emprise,
Du bonheur abstrait, vaincu sans bataille.
Comme un éclair qui dissipe les ténèbres
Dont la lumière triomphe le royaume céleste,
Il s'en va de ma conscience, ce culte funèbre,
Et de mon cœur, cette passion achevée et indigeste.

MA BIEN-AIMEE

Ô toi, l'oubliée de mon univers,
Combien tu es conciliante !
La timidité, ce mal sévère,
M'a imposé une démission pesante.

Je pleure les années perdues,
Je pleure l'absence de ta tendresse,
Je pleure le temps et ses malentendus
Qui m'ont privé de tes caresses.

Maintenant que la plaie est fermée,
Ma gêne, dans ta douceur, s'est fondue,
La vie nous ouvre ses bras, à jamais,
Pour une félicité pérenne et détendue.

L'AMOUR

Il est cette flamme magique
Venue du royaume des cieux.
Il est cette fièvre magnifique
Qui révèle des sentiments gracieux.
Il est une âme arrivée des cieux,
Un des esprits du Maître,
Descendu en ces lieux
Pour quelque égard à sa lettre.
Il est, aussi, ce mal dévorant,
Un trouble sans remède, une souffrance,
Une source de soupirs errants,
Pour tout prisonnier sous son influence.
Il est ce feu dormant sous la cendre
Qui dévorent les maladroits et les négligents
Qui ne veulent point comprendre
Que lui, l'amour, est trop exigeant.

L’EDEN

Ô toi, fleur de mon jardin,
Fais-moi sentir ton parfum.
Ô toi, fontaine de mes chagrins,
Suspends tes murmures enflammés.
Du coucher au lever, toutes les nuits,
Je pleure mes rêves flottants,
Incertains, latents et lointains.
De grâce ! Ne me dites pas
Que c’est mon destin,
Un destin de peines et de larmes,
Qui répand sur son mur
L’ombre d’un bonheur opaque.
Ô toi, illusion de ma joie,
Fais-moi du bien.
Couvres-moi de gloire,
De fausse gloire,
Dans mon beau jardin,
Le beau jardin imaginaire,
Le jardin des caresses,
Des passions, des souffrances,
Des patiences et de l’usure
Que j’ai fondé avec toi
Dans le royaume des chimères.
Fais-moi du bien,

Fais-moi que du bien, Ô…

MA MERE

Ma mère, Ô, ma mère !

Combien tu sens la misère

Depuis la mort de mon père,

Ô, ma mère !

Ma mère ! Pourquoi ce nouveau partenaire ?

Pourquoi un époux imparfait et lacunaire,

Indigne successeur de mon père ?

Pour m'en faire des demi-frères ?

Ma mère, Ô, ma mère !

Pourquoi n'as-tu pas su faire ?

Pourquoi n'es-tu pas restée veuve de mon père ?

Ô, ma mère !

Ma mère, Ô, ma mère !

Pourquoi cet oubli, cet abandon, ces chimères ?

Pourquoi provoques-tu ma colère ?

Ô, ma mère !

Table des matières

1- Des écrits vains aux élégies posthumes.
2- Dédicace.
3- 1ère partie : Des écrits vains
4- Préambule.
5- Mon village.
6- Ce jour-là.
7- Méchef.
8- Oh, combien !
9- Tædium Vitae.
10- Du seigle à la fourche
11- Supplice.
12- Labadens.
13- Le flamant rose.
14- Le baiser de Judas.
15- L'évasion.
16- Le chagrin d'Eros.
17- Nestor.
18- Le cardinal.
19- Les chemins de l'errance.
20- La hase.
21- Apollon.
22- La salemitude.
23- L'étendard.
24- Le sabre et le berceau.
25- Un printemps noir.

26- 2ème partie : Les élégies posthumes
27- Préambule.
28- Odieuse compagne.
29- Rien que toi.
30- Pense à moi.
31- Tu étais.
32- J'ai peur.
33- Amour achevé.
34- Ma bien aimée.

35- L'amour.
36- L'Eden.
37- Ma mère.

BIOGRAPHIE

Né le 1er septembre de l'année 1956 à Tala-khelil, dans la région des Ath-Douala, Achour LARIBI a fait des études de chimie à l'Institut National des Industries Légères (INIL) de Boumerdès. Il a passé toute sa vie à enseigner les sciences physiques, la chimie puis la biochimie dans les lycées. Il est actuellement en retraite et la lecture occupe une grande partie de son temps. Il est auteur d'un recueil de poèmes, Et la colombe survola Tala, paru en 2016.

Printed by Books on Demand GmbH, Norderstedt / Germany